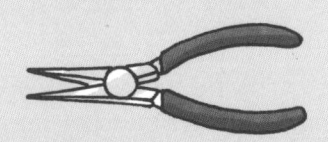

ラジオペンチ
ワイヤーを切ったり、曲げたりするときに使う。

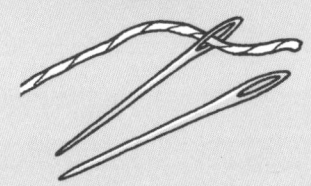

毛糸針
針穴に毛糸を通して使う。

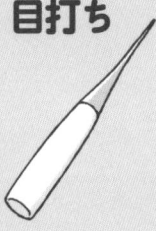

目打ち
フェルトなどに穴をあけるときに使う。

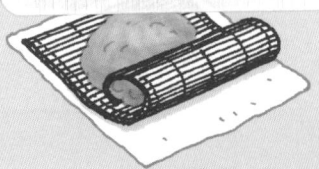

フェルトシートを縮める作業に使う。巻いて転がす。

水にとける下絵シート
マット／羊毛／ニードル／布／下絵シート

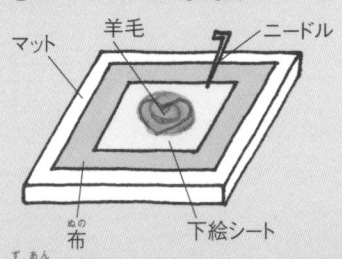

図案を写して使うシート。羊毛を布にさすときに使う。水をふくませるととける。

洗ざい水
食器用洗ざい／500mlペットボトル

フェルトシートやフェルトボールをつくるときに使う。40℃くらいのぬるま湯500mlに対して、2～3てき洗ざいを入れる。

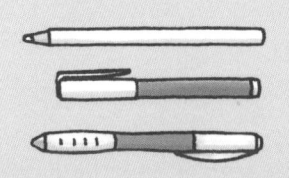

チャコペン
印をつけたり、型紙を写したりするときに使う。水で消せるタイプや、時間がたつと消えるタイプなどがある。

毛糸について
毛糸の太さには、中細、並太、極太などがある。指編みには太めの毛糸が適している。毛糸を使うときには、内側から毛糸のはしを引き出す。

羊毛について
羊毛にはいろいろな種類がある。この本では、フェルト羊毛とスカード羊毛を使う。

フェルト羊毛
せんいが1つの方向にならんだ羊毛。

スカード羊毛
羊そのものの自然なカールを生かした羊毛。

毛糸針に毛糸を通すコツ

1 針に毛糸をかけて二つ折りにして、毛糸をおさえながら針をぬく。

2 二つ折りになった毛糸を針穴に入れる。

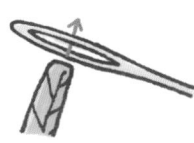

3 毛糸を通す。通した後は、毛糸を1本にする。

かんたん！かわいい！
手づくり デコ&手芸

編み物 &
もこもこ小物

かんたん！かわいい！手づくりデコ＆手芸
もくじ

指編みの基本	基本の作業をマスターしよう	4
フェルトの基本1	フェルトシートをつくろう	16
フェルトの基本2	羊毛で形をつくろう	22
フェルトの基本3	フェルトボールをつくろう	28

編み物＆もこもこ小物

P.8
ポンポンつき あったかミニマフラー
難易度 ★☆

P.10
ふわふわ ヘアバンド
難易度 ★★

P.12
ぷっくり お花のブローチ
難易度 ★★

P.14
デコレーション イヤーマフラー
難易度 ★★

P.18
チェリーのミニポシェット＆夕日色ミニバッグ
難易度 ★★〜★★★

P.23
スイート カップケーキ
難易度 ★★

型紙 P.21　図案 P.37
このマークのある作品では、指定されているページの型紙や図案を使います。必要なサイズにコピーして使ってください。

難易度を星の数で示しています。星の数が多いほど、難しい作品です。

P.7 ポンポンをつくろう

P.26
春色の
ほわふわマカロン
難易度 ★★

P.29
フェルトショコラの
あまいゆうわく
難易度 ★★

P.31
フェルトボールの
アクセサリー
難易度 ★〜★★

P.34
フェルトボールの
クリスマスリース
難易度 ★★

P.36
心おどる
マリンTシャツ
難易度 ★★

P.38
おしゃれな
パリジェンヌポーチ
難易度 ★★

各作品の材料としてしょうかいしている色やがらは一例です。好きな色やがらにして、自分なりの作品をつくってみるのも楽しいですよ。

指編みで簡単に作品をつくろう！

指編みは、指で毛糸を編み、作品をつくる方法です。

指編みはここがすごい！

- 毛糸を編む道具は指！ ふつうの編み物のように、いろいろな道具はいりません。
- 4本の指で編む「リリヤン編み」を覚えれば、編み地のとじ方次第で、いろいろな作品ができます。

注意ポイント
編む人の指の太さや編み具合によって、編み地の大きさや長さがかわることがあります。本に書いてあるものと少しサイズがちがってもだいじょうぶです。

指編みの基本 基本の作業をマスターしよう

ここでは、この本でつくる作品の基本的な編み方となる「リリヤン編み」の手順や、編み終えた後の毛糸の始末などをまとめてしょうかいします。この基本を応用して、さまざまな作品をつくっていきましょう。

輪をつくる

指編みをはじめるときのいちばん最初の手順です。

1 左手で毛糸の片方のはしを持ち、右手で輪をつくる。

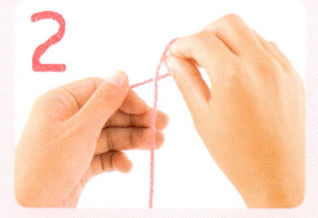

2 左手はそのままで、右手の親指と人さし指を輪の中に入れる。

3 つまむ / 引っ張る
右手の親指と人さし指で、長いほうの毛糸をつまみ、引っ張り上げると輪と結び目ができる。

リリヤン編みをする

この本での基本の編み方です。輪をつくった後に行います。

● 毛糸を指にかける ●

1「輪をつくる」でつくった輪を左手の親指にかける。

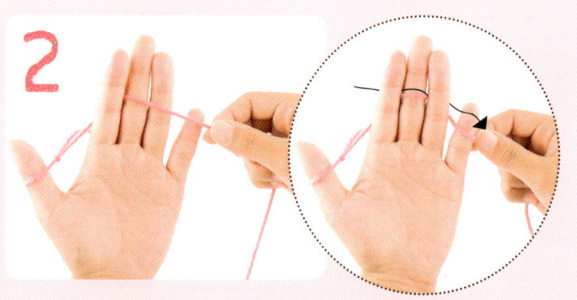

2 長いほうの毛糸を人さし指の後ろ、中指の前、薬指の後ろ、小指の前の順で交互にかけていく。

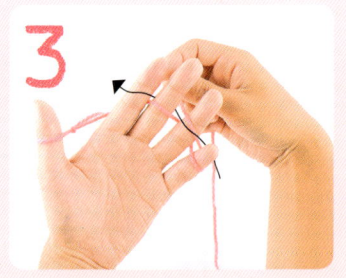

3 2の続きで、小指の後ろ、薬指の前、中指の後ろ、人さし指の前の順で交互にかけていく。

4

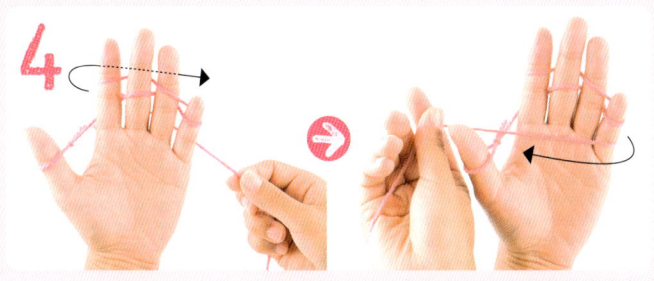

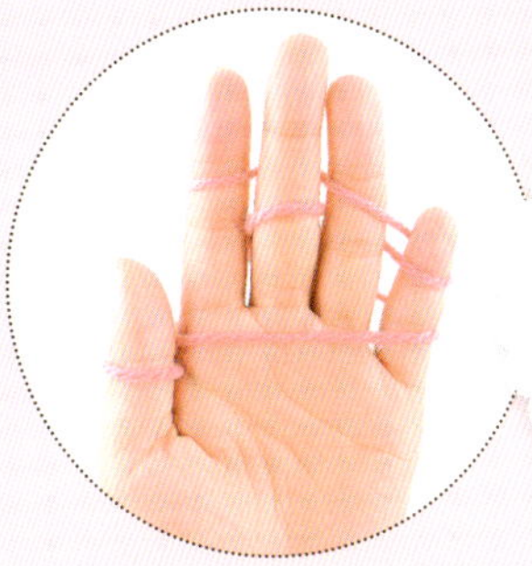

人さし指にかけた毛糸を、手の甲側を通して手のひら側に回し、親指と人さし指の間にはさむ。

POINT 毛糸がたるまないように、親指で毛糸をおさえておくよ。

● 編んでいく ●

5
小指 くぐらせる つまむ

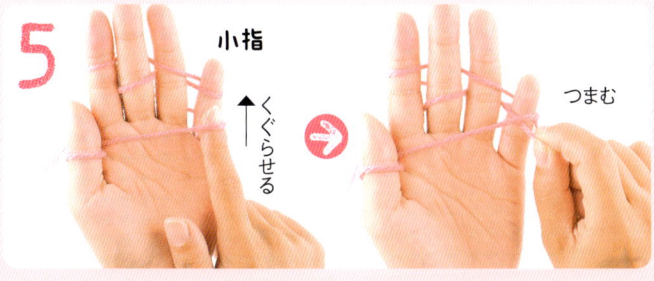

4で手のひらにわたした毛糸の下に、右手の人さし指をくぐらせ、小指にかかっている毛糸をつまむ。

6
かける

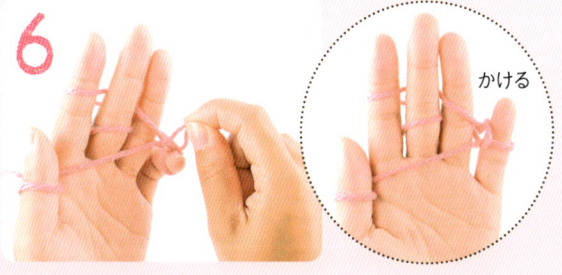

つまんだ毛糸を自分の方向に軽く引っ張り、小指を曲げてかける。

7
薬指　中指　人さし指

同じようにして、薬指、中指、人さし指の順に編む。

POINT 指が痛くならない程度に、毛糸を引っ張るといいよ。

8

人さし指まで編めたら、リリヤン編みの1段目が完成する。

9

続けて、毛糸を手の甲側へ回し、4本の指をぐるりと巻くようにして、親指と人さし指の間にはさむ。5〜7の手順をくり返す。

POINT 毛糸を手の甲側へ回すとき、編み地より少し指先よりにかけるよ！

10

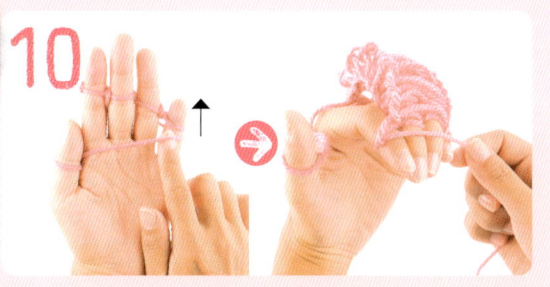

続けて編んでいくと、手の甲に編み地ができていく。

しぼり止めをする

リリヤン編みを編み終えたら、最後の段の編み目をしぼる「しぼり止め」で毛糸を止めます。

1 毛糸を残して編み終える。

2 左手はそのままで、残した毛糸を右手に持ち、手の甲側に回す。

3 小指にかかっている毛糸の輪の中に、上から毛糸のはしを通し、輪を小指からぬく。

4 薬指、中指、人さし指の順で、3の作業をくり返す。

5 人さし指までやり終えたら、毛糸をゆっくり引っ張る。

覚えておこう！ 中心に編み目の筋があるほうが表になるよ。

編みはじめの毛糸を始末する

編み終わりと同じように、編みはじめの毛糸もしぼって止めます。

1 親指から毛糸の輪を外し、糸のはしの根元をおさえて、毛糸のはしを引っ張る。

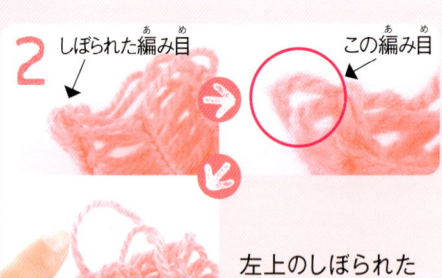

2 左上のしぼられた編み目をゆるめる。

3 ゆるめた輪に、1で親指からぬいた毛糸のはしを入れて、ゆっくり引っ張る。

編み目を平らに整える

リリヤン編みでつくった編み地を、目の大きさがそろうように整えます。

1 リリヤン編みでつくった編み地を、表側を自分のほうに向けて持つ。

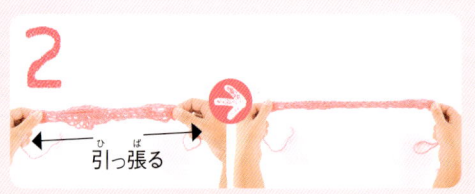

2 両はしをゆっくり引っ張る。

3 2の表側を上に向けて縦長に持ち、両手で編み地を横に引っ張る。

4 2と3を、2〜3回くり返して編み目を整える。

巻きとじをする

編み地を作品の形にしていくときは、「巻きとじ」でつなぎ合わせます。

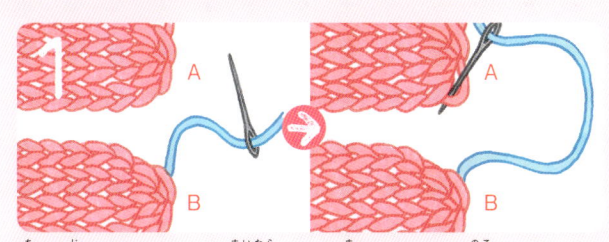

※わかりやすいように巻きとじ用の毛糸の色をかえています。

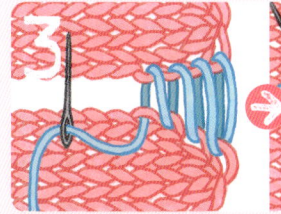

1 編み地を表にして、2枚並べる。巻きとじ用に残した糸を毛糸針に通し、Aの編み地のはしから半目内側のところに通す。

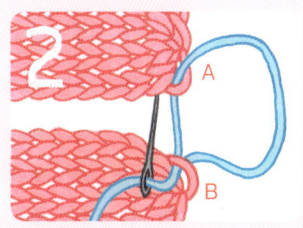

2 Bの編み地にも同じように通す。

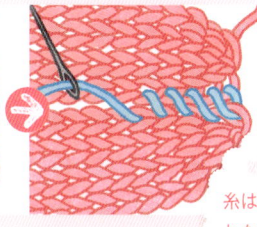

3 これをくり返す。

POINT 糸は編み地が引きつれないくらいに、軽く引っ張っていくよ。

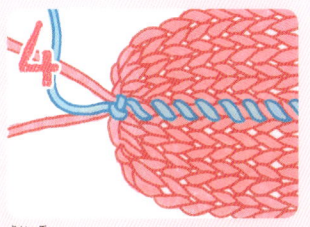

4 最後までとじたら、とじ終わりのところで1回、固結びをする。

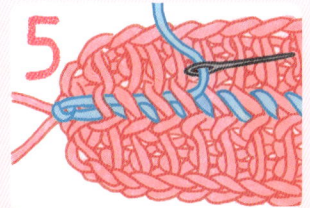

5 残った糸を編み地の裏にくぐらせる。

ポンポンをつくろう

つくりたいサイズや毛糸の太さによって、毛糸の長さを調節しましょう。
※ここでは並太の毛糸を4m使って、直径5〜6cmのポンポンをつくっています。

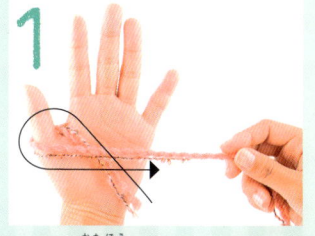

1 毛糸の片方のはしを、左手の親指の後ろを通してかける。

2 左手の親指と小指に8の字にかけていく。かけ終えると、このようになる。

3 かけ終えた毛糸の中心を右手でおさえ、左手の親指と小指からゆっくり外す。

4 20cmくらいに切った毛糸に3をのせ、中心を固結びする。

5 輪になっている部分を、左右ともはさみで切る。中心の毛糸を切らないように気をつける。

6 毛糸の束を1つにまとめ、丸くなるように糸のはしを切って形を整える。固結びした毛糸は切らないように気をつける。

7

難易度 ★★

ポンポンつき あったか ミニマフラー

首もとをかわいくかざる、ポンポンのついたミニマフラー。くるりと巻いて、マフラーの穴にポンポンを入れて留めるシンプルなデザインも魅力！ 毛糸の色や太さ、種類をかえると、ふん囲気もかわってきます！

材料　できあがりサイズ：45cm×7cm

1 毛糸（並太／ピンク）　　　　　　約28m
2 毛糸（並太／ピンク混合）　　　　約28m

※毛糸の長さは目安です。

道具
ものさし　はさみ　毛糸針

ポンポンをつくろう

ピンクとピンク混合の毛糸をそれぞれ4mずつ使い、ポンポンをつくる（P.7）。固結びした糸は2本そろえておく。

本体をつくる

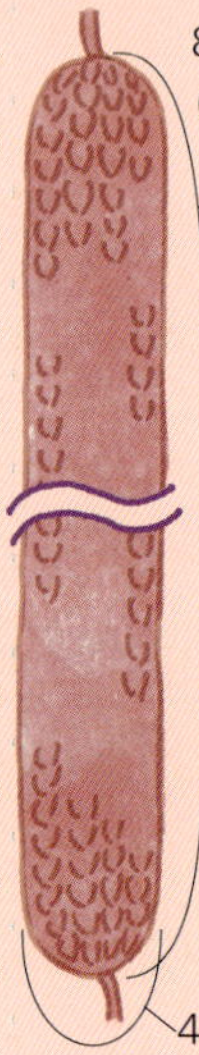

80段（約90cm）
4目（約3cm）

1 マフラーの本体となる編み地を編む（P.4〜6）。

輪をつくる
1 2本の糸を合わせて、輪をつくる。

リリヤン編みをする
2 毛糸を指にかけ、80段リリヤン編みをする。巻きとじ用の毛糸約1mを残して切る。

しぼり止めをする
3 編み終えたら、しぼり止めで最後の編み目を始末する。

編みはじめの毛糸を始末する
4 親指から輪をぬき、編みはじめの毛糸のはしを始末する。

編み目を平らに整える
5 編み地を引っ張って整える。マフラーの本体となる、約90cmの編み地ができる。

マフラーの形にとじていく

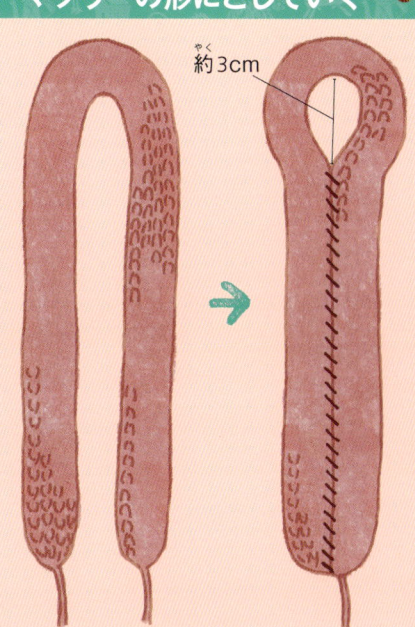

約3cm

2 1でつくった編み地を表にして、半分に折り、合わさった辺を巻きとじする（P.7）。図のようにポンポンの通し口を残しておく。

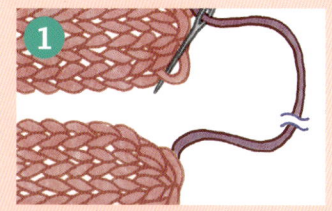

1 半分に折り、巻きとじ用の毛糸を毛糸針に通し、反対側の編み目に通す。

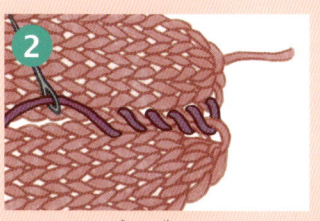

2 図のように編み目の半目ずつをすくってとじ合わせる。

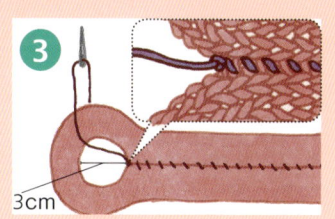

3 ポンポンの通し口（約3cm）を残してとじたら、毛糸のはしを1回結ぶ。

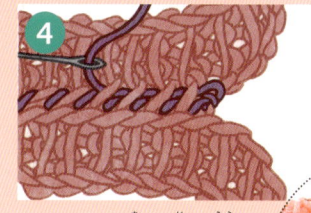

4 糸のはしを編み地の裏にくぐらせる。編みはじめの毛糸も同じようにする。

※わかりやすいように巻きとじ用の毛糸の色と本数をかえています。

ポンポンをつける

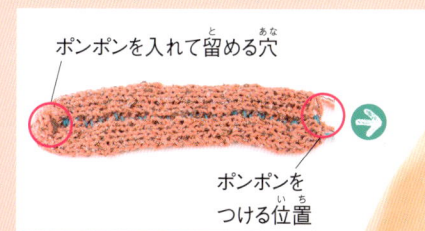

ポンポンを入れて留める穴

ポンポンをつける位置

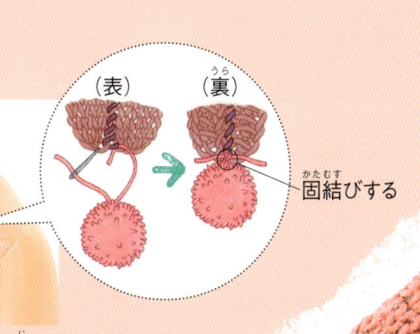

(表) (裏) 固結びする

毛糸針を使って、ポンポンの中心を結んだ毛糸の1本を、編み地のはしの中心に通す。もう1本の毛糸も同じように通し、2本を編み地の裏側で固結びする。余った毛糸は切る。

※わかりやすいように巻きとじ用の毛糸の色と本数をかえています。

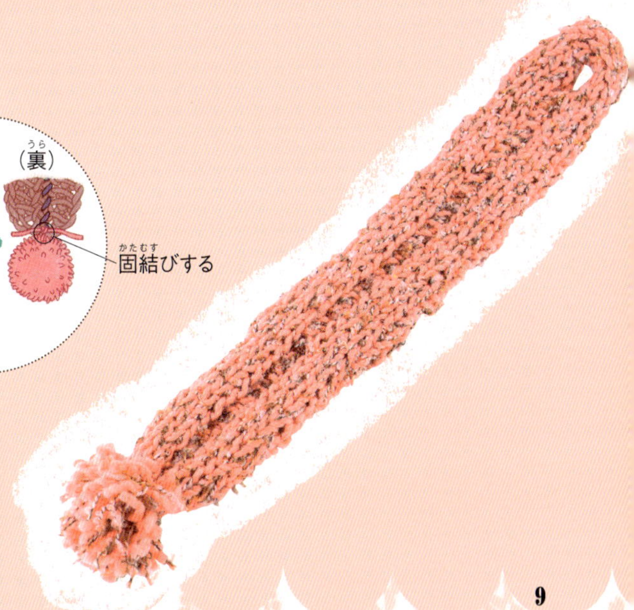

難易度 ★★

長く編んだリリヤン編みの編み地を、くるくるつつ状にとじてつくるヘアバンドです。冬のヘアアレンジに使うと、おしゃれ度もアップ！簡単にできるので、色ちがいでつくってみるのもおすすめです。

材料	できあがりサイズ：直径42cm×はば9cm
1 毛糸（並太／水色）	約28m 2本

※毛糸の長さは目安です。

1

道具
ものさし　はさみ　毛糸針

ふわふわヘアバンド

本体をつくる

1 ヘアバンドの本体となる編み地を編む（P.4〜6）。

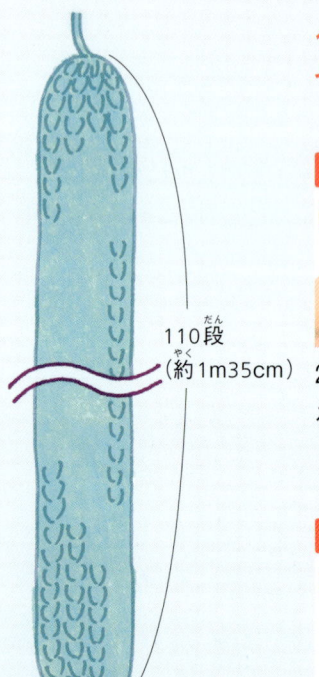

110段（約1m35cm）
4目（約3cm）

輪をつくる
1 2本の糸を合わせて、輪をつくる。

リリヤン編みをする
2 毛糸を指にかけ、110段リリヤン編みをする。巻きとじ用の毛糸約2mを残して切る。

しぼり止めをする
3 編み終えたら、しぼり止めで最後の編み目を始末する。

編みはじめの毛糸を始末する
4 親指から輪をぬき、編みはじめの毛糸のはしを始末する。

編み目を平らに整える
5 編み地を引っ張って整える。ヘアバンドの本体となる、約1m35cmの編み地ができる。

ヘアバンドの形にとじていく

2 1でつくった編み地を巻きとじして（P.7）、つつ状にする。

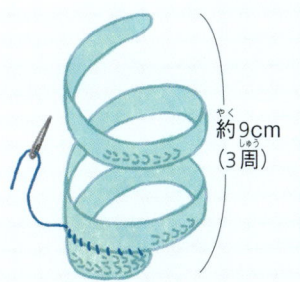

約9cm（3周）

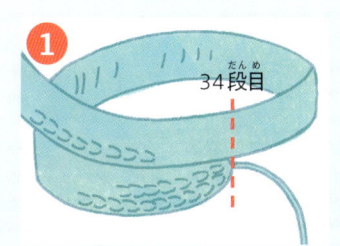

① 表にして、編み終わりのはしと編み終わりから34段目を合わせる。

34段目

※頭囲に合わせてサイズを大きくしたい場合は、35段目以降と合わせます。

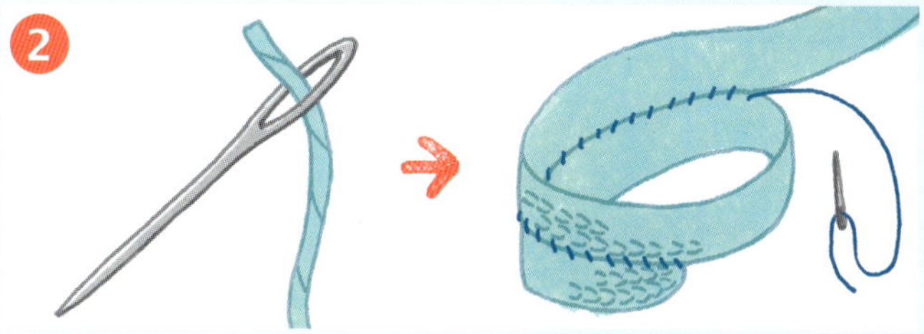

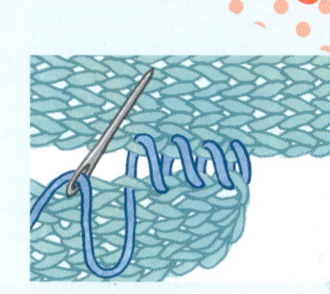

② 毛糸針に巻きとじ用の毛糸を通し、両方の編み目を半目ずつすくってとじていく。

POINT
とじていくときは、巻きとじ用の毛糸をあまり引っ張りすぎないようにね！

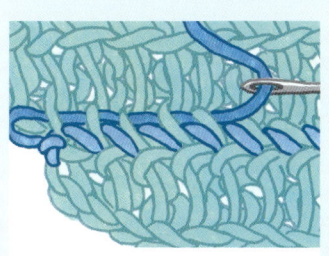

③ 最後までとじたら裏にして、毛糸のはしを固結びして、残った毛糸を編み地にくぐらせる。編みはじめの毛糸も同じようにする。

※わかりやすいように巻きとじ用の毛糸の色と本数をかえています。

11

難易度 ★★

シンプルなファッションのアクセントになる、ふっくらとした毛糸のブローチをつくってみましょう。編み地を花の形に整えて、くるみボタンをつければ、かわいいお花の完成です。

ぷっくり お花のブローチ

材料

できあがりサイズ：直径約9cm

1. 毛糸（並太／水色） 約9m 2本
2. くるみボタン（直径2cm）
3. クリップ金具

※毛糸の長さは目安です。

道具

ものさし　はさみ　毛糸針　接着ざい

本体をつくる

1 花のブローチの本体となる編み地を編む（P.4〜6）。

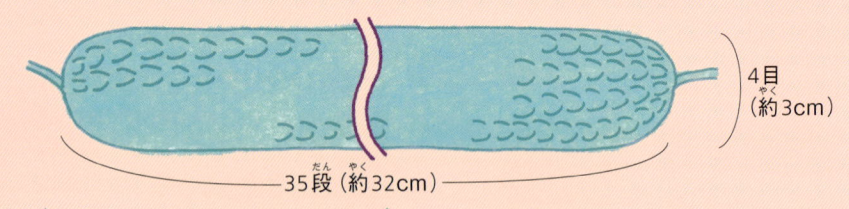

35段（約32cm）　4目（約3cm）

① 輪をつくる
2本の糸を合わせて、輪をつくる。 

② リリヤン編みをする
毛糸を指にかけ、35段リリヤン編みをする。毛糸を約60cm残して切る。

③ しぼり止めをする
編み終えたら、しぼり止めで最後の編み目を始末する。

④ 編みはじめの毛糸を始末する
親指から輪をぬき、編みはじめの毛糸のはしを始末する。

⑤ 編み目を平らに整える
編み地を引っ張って整える。花のブローチの本体となる、約32cmの編み地ができる。

12

花の形に整える

2 1でつくった編み地で、花の形をつくる。

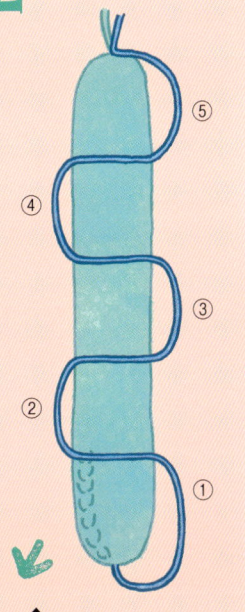

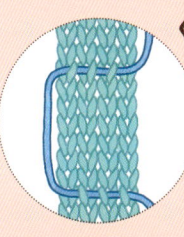

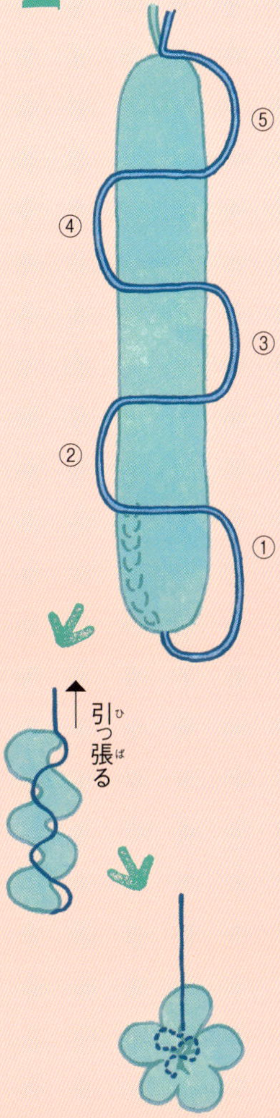

1 毛糸針に、1で残しておいた60cmの毛糸を通す。編み地の表を上にして縦に置き、編み終わりから7段目に針を通す。

くわしい通し方
図のように、半目ごとに針を通す。

※わかりやすいように巻きとじ用の毛糸の色と本数をかえています。

2 針をぬき、さらに7段目に、今度は左側から半目ごとに針を通す。

3 これを5回くり返し、はしまで毛糸を通す。

4 毛糸をゆっくり引っ張り、編み地を縮める。

5 編みはじめと、4で引っ張った毛糸を固結びする。

6 5で残った毛糸を、花びらと花びらの間に巻き、花の形を整える。もう1度、編みはじめの毛糸と、花の形を整えた毛糸を裏で固結びする。

※わかりやすいように巻きとじ用の毛糸の色と本数をかえています。

くるみボタンをつける

3 くるみボタンとクリップ金具を、接着ざいで花の中央につける。残った毛糸のはしを好きな長さに切って完成。

くるみボタン　（表）　クリップ金具　（裏）

デコレーション イヤーマフラー

難易度 ★★

お店に売っているイヤーマフラーに
カバーをデコって、オリジナルの
イヤーマフラーをつくってみましょう！
マフラーと同じ毛糸でつくって、
おそろいにしても。

材料
できあがりサイズ：直径約11cm

1 イヤーマフラー
2 毛糸（並太／オレンジ混合、緑混合）各約16m 4本

※毛糸の長さは目安です。

道具
ものさし　はさみ　毛糸針

カバーをつくる

1 イヤーマフラーのカバーとなる編み地を編む（P.4〜6）。

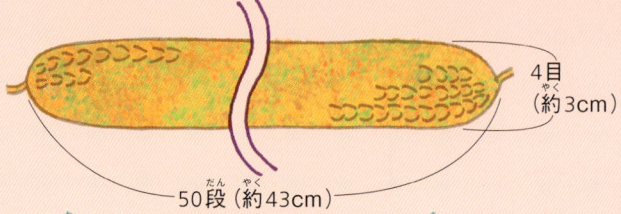

4目（約3cm）
50段（約43cm）

輪をつくる
1 オレンジ混合と緑混合の毛糸1本ずつを合わせて、輪をつくる。 

リリヤン編みをする
2 毛糸を指にかけ、50段リリヤン編みをする。巻きとじ用の毛糸約60cmを残して切る。

しぼり止めをする
3 編み終えたら、しぼり止めで最後の編み目を始末する。

編みはじめの毛糸を始末する
4 親指から輪をぬき、編みはじめの毛糸のはしを始末する。

編み目を平らに整える
5 編み地を引っ張って整える。カバーとなる、約43cm（50段）の編み地ができる。これを4枚つくる。

うず巻きにして丸くまとめる

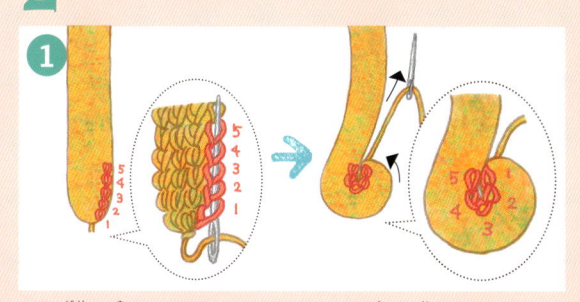

2 巻きとじ用の毛糸で、編み地を丸い形にとじていく。

① 毛糸針に巻きとじ用の毛糸を通す。編み地を表にして、はしの半目を5段分すくって毛糸を引く。これがうず巻きの中心になる。

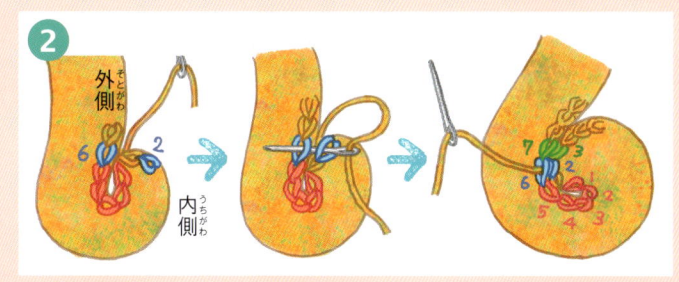

② 次に、うず巻きの内側の2段目と外側の6段目、内側の3段目と外側の7段目、というように、うず巻きにしていきながら、重なり合った編み目の半目をすくっていく。

③ これをくり返し、うず巻きをつくる。

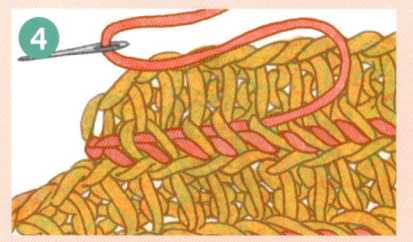

④ 毛糸のはしを編み地の裏にくぐらせて、1枚完成。ほかも同じようにして4枚編む。

※わかりやすいように巻きとじ用の毛糸の色と本数をかえています。

表　**裏**

カバーをつける

3 編み地でイヤーマフラーをはさみ、巻きとじ用の毛糸で巻きとじ（P.7）をする。

（表）（裏）（表）（裏）

① 毛糸針に毛糸を通し、周囲を半目ずつ巻きとじしていく。

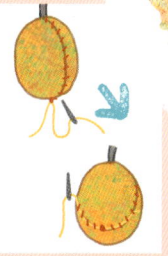

② とじはじめと、とじ終わりの毛糸を固結びし、編み目に通す。イヤーマフラーを2つとも編み地でくるみ、完成。

15

羊毛でフェルト作品をつくろう！

羊毛に洗ざい水をかけてこすったり、フェルティングニードルという専用の針でさしたりすることで、フェルト作品はできあがります。

羊毛からの作品づくりはここがおもしろい
- 羊毛をちぎったり、こすったりして、**自分の手でフェルトに生まれかわらせる**ことができます！
- フェルティングニードルでコツコツとさしていけば、**思いどおりの形になります**！

注意ポイント
羊毛をシート状にするのは、思った以上に力のいる作業です。あせらずにシートづくりを楽しみましょう。

フェルトの基本① フェルトシートをつくろう

ここでは、いろいろなフェルトの作品をつくる前に用意する「フェルトシート」のつくり方をしょうかいします。シートのつくり方がわかったら、それを応用してバッグなどの作品をつくりましょう。

どうして羊毛がフェルトになるの？
羊毛は、洗ざい入りのぬるま湯をかけてしめらせたり、まさつや圧力を加えたりすると、せんいが縮んでからみ合い、1枚のフェルトになります。

材料
できあがりサイズ：20cm×32cm
羊毛 30g（10gずつ3つに分けておく）

道具
エアパッキン　油性ペン　ものさし　トレイ　洗ざい水（40℃くらいのぬるま湯に台所用の洗ざいを数てき垂らしたもの）　じょうろ　アイロン用ネット　タオル　ビニール手ぶくろ　巻きす　洗たく用ネット　アイロン

※この本でいう「羊毛」は、「フェルト羊毛」のことです。

羊毛の分け方
羊毛は必要な分量に分けて使います。基本の分け方をマスターしましょう。

羊毛を分けるときのポイント

1 分けたい位置を中心にして羊毛を軽くにぎる。

2 あまり力を入れずに、ゆっくりと羊毛を左右に引っ張る。

羊毛からフェルトシートをつくる

1 エアパッキンのおうとつのない面を上にして、油性ペンで25cm×40cmのわくをかき、トレイの上にのせる。

2 羊毛10gを少しずつちぎりながら、わくの全面をうめるように縦方向に並べる。

3 次の羊毛10gを少しずつちぎりながら、2の上に横方向に並べる。

4 最後の羊毛10gを少しずつちぎりながら、**3**の上に縦方向に並べる。

5 じょうろに洗ざい水を入れ、**4**の上に回しながらかける。

POINT 羊毛が広がらないようにそっとかけよう。

6 **5**にアイロン用ネットをかぶせ、水分が全体に行きわたるように、上から手でおす。

POINT ときどきネットをめくって、水分が行きわたって羊毛の色がかわったかどうかを確認しよう。

7 わくからはみ出た部分を内側に折り返し、ネットをかぶせる。

8 ビニール手ぶくろをつけて、手のひら全体で**7**をこする。

9 ネットに羊毛がからんできたら、ネットをとる。毛の流れと同じ方向にこする。

POINT 毛が出ていたらこすり足りないしょうこ。

10 **9**を指でつまんで、全体が持ち上がるようになったら、裏返す。裏も同じようにこする。

11 エアパッキンを取り、トレイに残った洗ざい水を捨てて、タオルと巻きすを置く。その上に**10**を置く。

12 **11**をはしからきつく巻き、体重をかけながら、前後に30回くらい転がす。

POINT 毛がさらにからまって、縮んでいくよ。

13 **12**を一度広げて羊毛の向きをかえて巻き、同じように30回転がす。さらに裏にして縦と横に向きをかえて巻き、それぞれ30回転がす。これを完成サイズ（20cm×32cm）になるまでくり返す。

14 水洗いで洗ざいを落とし、洗たく用ネットに入れて、洗たく機の脱水コースで30秒くらい脱水する。

15 洗たく用ネットから出し、アイロン用ネットをかぶせてアイロンをかけ、表面をなめらかにする。このときに形も整え、自然かんそうさせる。

17

チェリーの　ミニポシェット＆　夕日色ミニバッグ

難易度 ☆☆〜☆☆☆

型紙 P.21

フェルトシートのつくり方にひと手間加えると、ミニバッグやポシェットができます。ほわほわしたフェルト素材は、デジタルカメラやスマートフォンなど、大切にあつかいたいものを入れるのにぴったりです！

A

材料　できあがりサイズ：14.5cm×12cm

1. 羊毛（茶）　　　　　　　　　30g
2. 丸革ひも（太さ3mm）　　　1m10cm
3. コットンコード（緑）　　　　46cm
4. 毛糸（並太／こいピンク）　約6g

B

材料　できあがりサイズ：10.5cm×15cm

1. 羊毛（赤）　　　　　　　　　30g
2. 羊毛（グレーベージュ）　　約1g
3. 丸革ひも（太さ3mm）　　　46cm

道具

ものさし　エアパッキン　はさみ　トレイ　洗ざい水　じょうろ
アイロン用ネット　ビニール手ぶくろ　巻きす　タオル
洗たく用ネット　アイロン　毛糸針　目打ち

A チェリーのミニポシェット

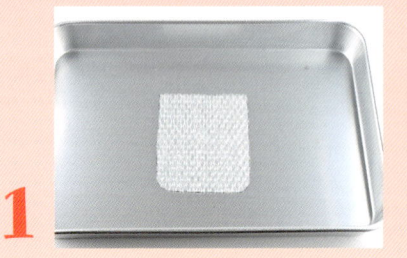

1 エアパッキンを型紙（P.21）の形に切り、トレイの上にのせる。

2 茶色の羊毛15gを、エアパッキンから少しはみ出るように横方向、縦方向、横方向の順にのせる（P.16〜17の **1**〜**4**）。

3 じょうろに洗ざい水を入れ、**2**の上に回しながらかける。アイロン用ネットをかけて上から手でおす（P.17の **5**・**6**）。

6 アイロン用ネットをかぶせ、洗ざい水をかけ、水分が全体に行きわたるように上から手でおす（P.17の **5**・**6**）。全体を裏返し、はみ出た部分を内側に折る。

A

B

4
エアパッキンごと裏返し、エアパッキンからはみ出た羊毛を内側に折る。

POINT
角はこのようにひだをよせて折る。

5
4の上に、2と同じように残りの羊毛15gを横方向、縦方向、横方向の順にのせる。

7
6の両面をこする（P.17の8〜10）。

8
ふくろの口の部分をはさみで切り、中からエアパッキンをとり出す。

9
内側を表に返してこする。

19

10 タオルと巻きすで巻いて転がし、完成サイズ（14.5cm×12cm）まで縮める（P.17の**11**～**13**）。

11 水洗いをして脱水し、アイロンをかけ、自然かんそうさせる（P.17の**14**・**15**）。

12 こいピンクの毛糸で、直径3.5cmのポンポンを2個つくる（P.7）。コットンコードを半分の長さ（23cmずつ）に切る。ポンポンの中心の毛糸を短く切り、コットンコードを通し、固結びで結びつける。同じものをもう1本つくる。

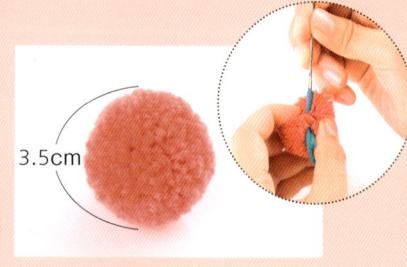

13 **11**の、口から1cmのところに目打ちで穴をあけ、コットンコードのポンポンのついていないほうを外側から通して内側で結ぶ。反対側も同じように穴をあけ、もう1本のコードを通して、内側で結ぶ。

14 両わきの上から1cmのところに目打ちで穴をあける。内側から丸革ひもを通して、外側で結ぶ。

ポンポンのついたひもを上部で結びます。

B 夕日色ミニバッグ

1 「Aチェリーのミニポシェット」のつくり方の**1**～**7**と同じ工程で、エアパッキンを羊毛でくるむ。

① エアパッキンを型紙の形に切る。

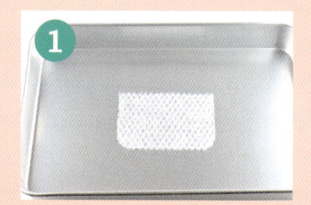

② 赤い羊毛15gを、ちぎりながら横方向、縦方向、横方向の順にのせる。

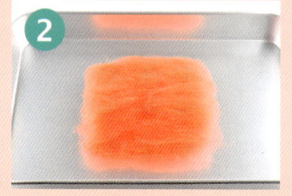

③ 洗ざい水をなじませる。

④ 全体を裏返してエアパッキンを包む。

⑤ **④**の上に残りの羊毛15gをちぎりながら、**②**と同じようにのせる。

⑥ 洗ざい水をなじませ、裏返す。

⑦ はみ出た部分を折る。

2

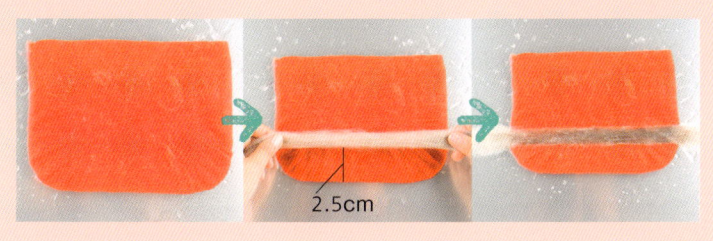

グレーベージュの羊毛を半分にし、はば2.5cm、長さ22cmくらいのライン状にする。本体の上に置き、両はしを3〜4cmくらいはみ出させておく。

3

全体を裏返して、はみ出た部分を内側に折る。

4

表と同じ位置に、グレーベージュの羊毛の残り半分を**2**と同じように置く。裏返したら、はみ出た部分を表のラインと重なるように折る。

5

両面をこする（P.17の**8〜10**）。

6

ふくろの口の部分をはさみで切り、中からエアパッキンをとり出す。

7

内側が表になるように返し、裏面もこする。

8

「Aチェリーのミニポシェット」のつくり方の**10**、**11**と同じように、完成サイズ（10.5cm×15cm）まで縮めて形を整え、水洗い、脱水をして、アイロンをかけ、自然かんそうさせる。

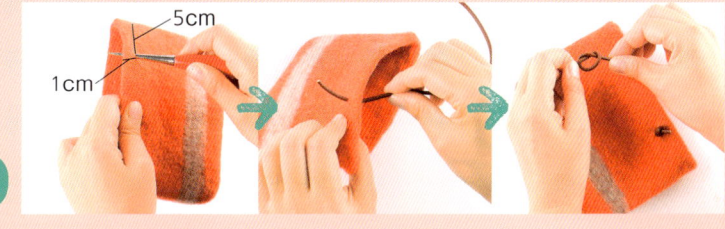

9

表に返して目打ちで穴を4か所にあけ、丸革ひもを内側から通し、外側で結んで完成。

ミニバッグ

ミニポシェット

型紙
334%に拡大する

21

フェルトの基本② 羊毛で形をつくろう

ふわふわの羊毛を型に入れてさしたり、型紙に合わせてさすときの、基本やコツをしょうかいします。

フェルティングニードルとフェルティングマットの使い方

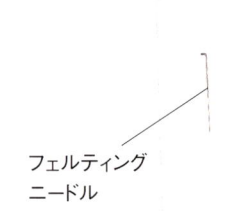

フェルティングマット
フェルティングニードル

フェルティングニードル（以下、ニードル）で羊毛をさして、フェルトにしていく。ニードルを使うときには、下にフェルティングマット（以下、マット）をしく。

〇 まっすぐ持ち、まっすぐさし、まっすぐぬく。ギザギザで羊毛のせんいをうめこむようにさす。

ギザギザ

✕ 無理な力を加えると、針先が曲がって、折れることがあるので、危険！

型に羊毛を入れて形づくる

1 マットの上に、料理用の型を置き、その上に羊毛を少しずつちぎってのせる。

2 型を羊毛でうめるように、ニードルでさす。
※型に針があたって折れないように注意。

POINT さしてかためていくとすき間があくので、すき間をうめるように羊毛を入れるよ！

3 裏側
表をさし終えたら裏にして、裏からもさす。

4 厚さが1cmくらいになるまでしっかりさす。型から外し、横からもさして形を整える。

5 さし終えたら、スチームアイロンをかけて表面をなめらかにする。

POINT 羊毛がはみ出ているところは、はさみで切る！

細かいところをさすときには
目などの細かいところは、ちがう色のフェルトを先に小さく丸めてから、さしていく。

型をかえると、いろいろな形ができます！

本物のようにおいしそうな
カップケーキ！ 土台を用意したら、
後は、いろいろな種類になるように、デコって
いきましょう。写真のケーキ以外にも、
アイデア次第でさまざまなものが
つくれます！

材料

A マーガレット
羊毛（こげ茶）	12g
羊毛（黄）	少量
スカード羊毛（うす茶）	2g
フェルト（白）	6cm×6cm

B ちょうちょ
羊毛（こげ茶）	12g
羊毛（ピンク）	少量
スカード羊毛（ペパーミント）	2g
フェルト（ミント）	4cm×4cm
丸小ビーズ（シルバー）	12個

C すみれ
羊毛（こげ茶）	12g
羊毛（白）	2g
羊毛（黄）	少量
フェルト（むらさき）	3cm×3cm
フェルト（黄緑）	2cm×2cm

D ハート
羊毛（ベージュ）	12g
羊毛（白）	3g
羊毛（ペパーミント、オレンジ、ピンク、黄、うす茶）	各少量
フェルト（接着シールつき／赤）	5cm×5cm

E マーブルチョコ
羊毛（ベージュ）	12g
羊毛（こげ茶、黄、ピンク、ミント）	各少量
スカード羊毛（白）	2g

道具

フェルティングニードル
フェルティングマット　チャコペン　はさみ
接着ざい　つまようじ

難易度 ★★

スイート カップケーキ

型紙 P.23

型紙 原寸

ちょうちょ　マーガレット　すみれ　ハート

🌸 基本の土台

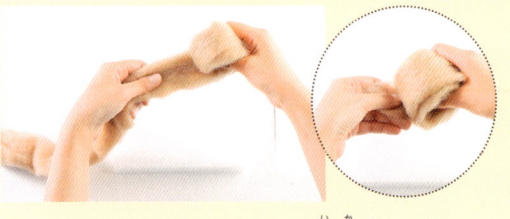

1 フェルティングニードル（以下、ニードル）とフェルティングマットを用意する。羊毛12gを直径7cmくらいの円柱状にする。

2 1をニードルでまんべんなくさし、カップケーキの土台をつくる。

にぎったときにだん力が感じられるようになるまで、しっかりとさす。

🌸 A マーガレット

1 こげ茶の羊毛で基本の土台をつくる。うす茶のスカード羊毛を土台の上に置き、ふんわりとした質感を残してさす。

2 白のフェルトに花の型紙をのせ、チャコペンで形を写し、はさみで切って1にのせる。

3 中心に小さく丸めた黄色の羊毛を置き、さしてつける。

🌸 B ちょうちょ

1 こげ茶の羊毛で基本の土台をつくる。ペパーミントのスカード羊毛を土台の上に置き、ふんわりとした質感を残してさす。

2 ミントのフェルトにちょうちょの型紙をのせ、チャコペンで形を写し、はさみで切る。それを1の上に置き、細長くしたピンクの羊毛といっしょにさして留める。

3 つまようじの先に接着ざいをつけ、スカード羊毛にぬり、ビーズを散りばめるようにつける。

🌸 C すみれ

1 こげ茶の羊毛で基本の土台をつくり、白の羊毛を円柱状に丸めて置く。

2 全体をニードルでさしつける。1か所、白の羊毛を引っ張り、クリームがとけているようにみせる。

クリームのとけた部分もしっかりさしつける。

24

3 むらさきのフェルトにすみれの花の型紙をのせ、チャコペンで形を写し、はさみで切る。**2**の上に花を置く。

4 花の中心に黄色の羊毛をごく少量丸めて置く。ニードルでさして留める。

5 緑のフェルトにすみれの葉の型紙をのせ、チャコペンで形を写し、はさみで切る。**4**の花の横に葉を置き、葉の下のはしだけをさして留める。

D ハート

1 ベージュの羊毛で基本の土台をつくる。白の羊毛をねじって、ひも状にする。

2 土台に白の羊毛の先を少しさし、残りの羊毛もねじってひも状にする。

3 ねじった羊毛を、土台の上にうず巻き状に置きながら、ニードルでさして留める。

4 赤のフェルトにハートの型紙をのせ、チャコペンで形を2つ写し、はさみで切る。

5 はくり紙をはがし、シールの面どうしをはり合わせる。

6 ハートの下のはしを、**3**にさしてつける。

7 ペパーミント、オレンジ、ピンク、黄、うす茶の羊毛をごく少量ずつ丸め、**6**の上に散りばめるようにさしてつける。

E マーブルチョコ

1 ベージュの羊毛で基本の土台をつくる。土台の上に白のスカード羊毛を置き、ふんわりとした質感を残してさす。

2 こげ茶、黄、ピンク、ミントの羊毛をそれぞれ少量丸めて**1**の上にさし、マーブルチョコを散りばめたようにする。

難易度 ☆☆

やさしい色の羊毛を使って、
かわいいマカロンをつくってみましょう。
できあがったマカロンは、まるで本物みたい！
お皿にのせたり、箱につめたりして
かざってみてはいかがでしょう。

春色のほわふわマカロン

型紙 P.27

材料

1 羊毛（ピスタチオ色、茶、黄、ピンク） 各4g

羊毛（白、こげ茶） 各少量

道具

フェルティングマット　サインペン
フェルティングニードル

1 フェルティングマット（以下、マット）に型紙をのせ、サインペンで型紙を写す。

2 1の上に、黄色の羊毛2gをゆるく巻いて置く。

3 2を、円からはみ出さないようにフェルティングニードル（以下、ニードル）でまんべんなくさす。裏返して、裏からも同じようにさす。

4 直径5cm、厚さ1cmくらいになったら、円のふちから0.2cmくらい内側を1周ぐるりとさし、マカロンのふちをつくる。同じものをもう1つつくる。

5 白の羊毛をゆるく巻いて、マットに置く。

6 3と同じようにまんべんなくさしてまとめる。裏返して裏からも同じようにさし、直径5cmくらいの円にする。

7 6でつくったクリームを4でつくったマカロンの外側の部分ではさむ。

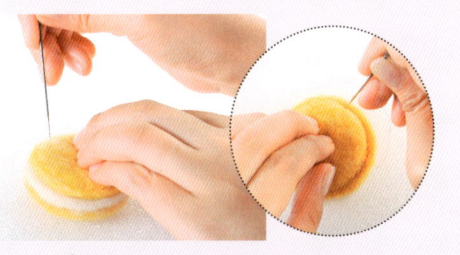

8 ニードルで周囲をさして3枚を留める。

9 クリーム部分がはみ出していたら、横からニードルでさし入れて、形を整える。ほかの色のマカロンも、同じようにつくる。

型紙

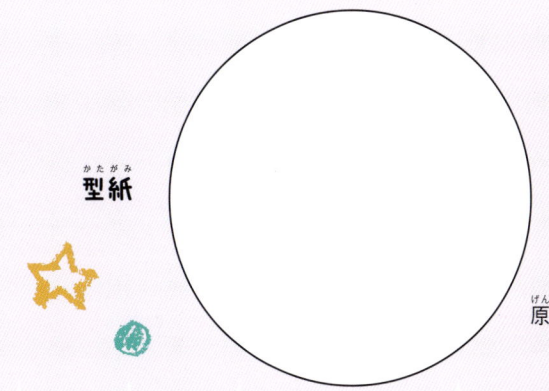

原寸

※茶色のマカロンのクリームは、こげ茶の羊毛でつくる。

フェルトボールをつくろう

フェルトの基本③

フェルトでボールをつくりましょう。フェルトボールがつくれるようになると、作品のデコレーションに使ったり、ヘアゴムやブレスレットなどのアクセサリーをつくったりと、はばが広がります。

材料 できあがりサイズ：直径約2.5cmのボール

羊毛　2g

道具
フェルティングニードル　フェルティングマット　ボウル　洗ざい水（40℃くらいのぬるま湯に台所用の洗ざいを数てき垂らしたもの）　ビニール手ぶくろ　洗たく用ネット

羊毛をさしてフェルトボールにする

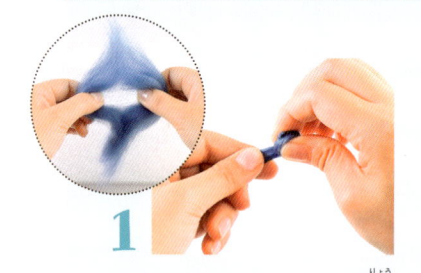

1 羊毛を半分に分け、半分の量をしっかり丸める。

2 1を、フェルティングマットの上でフェルティングニードル（以下、ニードル）でさして丸める。これがボールのしんになる。

3 ボールのしんに残り半分の羊毛を、少しずつちぎってしっかりと巻く。最初は縦に巻く。

4 次は横に巻く。丸くなるように縦と横をくり返して巻く。

5 羊毛を全部巻いたら、ニードルで全体を均等にさす。

6 ボウルに洗ざい水を用意し、5を入れて、洗ざい水をよくしみこませる。水中で数回にぎり、しんまでしっかり水分がしみこむようにする。

7 ビニール手ぶくろをつけて、手のひらでかたくなるまで丸める。

8 水洗いをして、洗ざいを落とす。洗たく用ネットに入れて洗たく機の脱水コースで30秒くらい脱水し、自然かんそうさせて完成。

難易度 ★★☆

フェルトショコラの あまいゆうわく

トリュフや角形のチョコレート
など、いろいろなタイプのチョコレート
づくりにチャレンジ！ 本物そっくりに
つくって、友達や家族を
びっくりさせましょう。

材料

A トリュフ
羊毛（茶） 2g
羊毛（ベージュ） 少量

B トリュフ
羊毛（オフホワイト） 2g
羊毛（うすピンク） 少量

C トリュフ
羊毛（こげ茶） 2g
羊毛（茶） 少量

D 角形ショコラ
羊毛（オフホワイト） 2g
羊毛（うすピンク） 少量

E チェリー
羊毛（ワインレッド） 1g
羊毛（こげ茶） 少量
コットンコード（太さ1.5mm） 10cm

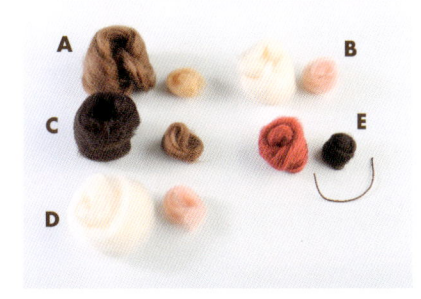

道具

フェルティングニードル　フェルティングマット　ボウル　洗ざい水
ビニール手ぶくろ　洗たく用ネット
厚紙（2cm×12cm）　セロハンテープ
目打ち　毛糸針

A・B・C トリュフ

1 羊毛2gで直径2.5cmくらいのフェルトボールをつくる（P.28）。

デコレーションする

2 少量のデコレーション用の羊毛を細くねじり、ライン状にして、フェルティングニードル（以下、ニードル）でさしてつける。

つぶ状の模様は、小さく丸めた羊毛をさしつける。

D 角形ショコラ

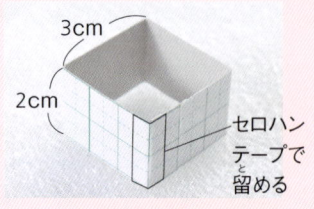

1 厚紙で1辺3cmの正方形で、高さ2cmの型をつくる。（3cm / 2cm / セロハンテープで留める）

2 オフホワイトの羊毛2gを正方形に折りたたみ、1の型に入れる。

3 2をニードルでさしてかためていく。裏返して裏からもさす。

4 厚さが1cmくらいになったら型から出し、横からもさして形を整える。

5 うすピンクの羊毛を細くのばし、表面に3列のストライプになるようにさす。

POINT はみ出した羊毛は折り返してさそう。

E チェリー

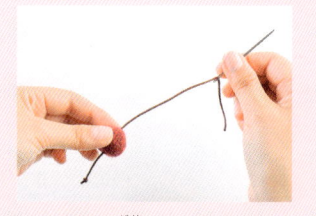

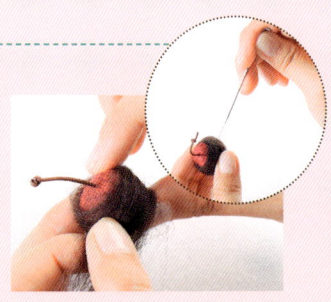

1 ワインレッドの羊毛1gで直径2cmのボールをつくり（P.28）、中心に目打ちで穴をあける。

2 毛糸針にコットンコードを通し、片方のはしを固結びする。ボールの中心に通す。

3 ボールからコットンコードを5cmくらい出して固結びする。余分な部分を切る。

4 コットンコードのまわりを少し残し、こげ茶の少量の羊毛をうすく巻いてさす。

難易度 ☆〜☆☆

フェルトボールの アクセサリー

基本のボールにゴムやリボンを通して、ネックレスやヘアゴム、ブレスレットをつくってみましょう！ ボールのつくり方をマスターすれば、いろいろなものがつくれるようになります。

材料

1. 羊毛（黄） 12g
   羊毛（ピンク、水色） 各1g弱
2. ダブルオーガンジーリボン
   （はば2.5cm／ペパーミント） 1m5cm

道具

フェルティングニードル
フェルティングマット　ボウル
洗ざい水　ビニール手ぶくろ
洗たく用ネット　目打ち　毛糸針
ピンキングばさみ

ネックレス

1 直径1.5cmのフェルトボールを黄色15個、ピンク1個、水色1個つくる（P.28）。

2 毛糸針にリボンを通す。

3 フェルトボールに1つずつ目打ちで穴をあけ、順番にリボンを通す。

POINT 穴がすぐにふさがってしまうので、1つずつあけよう。

4 すべてのフェルトボールに通し終えたら、ボールの両はし部分でリボンを結び、ボールを固定する。

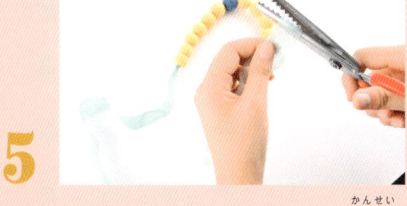

5 ピンキングばさみでリボンを切って完成。首の後ろでちょうちょ結びにして、長さを調節する。

材料

A 1 羊毛（ライムグリーン） 1g弱
　　羊毛（ピンク） 1g
　2 ヘアゴム（太さ1.5mm／茶） 20cm
B 1 羊毛（こん、水色） 各1g弱
　2 ヘアゴム（太さ1.5mm／茶） 20cm

道具

フェルティングニードル
フェルティングマット　ボウル　洗ざい水
ビニール手ぶくろ　洗たく用ネット
目打ち　毛糸針　はさみ　接着ざい

ヘアゴム

1 ピンクの羊毛1gで直径2cm、ライムグリーンの羊毛1g弱で直径1.5cmのフェルトボールをつくる（P.28）。

2 フェルトボールのはしに目打ちで穴をあける。

3 ボールに毛糸針でゴムを通す。

4 はしを結び合わせる。余分なゴムを切る。

5 結び目に接着ざいをぬり、ボールの穴の中に入れて完成。
※こんと水色を組み合わせたヘアゴムは、ボールの直径が両方とも1.5cmで、つくり方は同じ。

ブレスレット

1 青、メロングリーン、ミント、むらさきの羊毛各1g弱で、直径1.5cmのボールをそれぞれ1個ずつ、計4個つくる（P.28）。

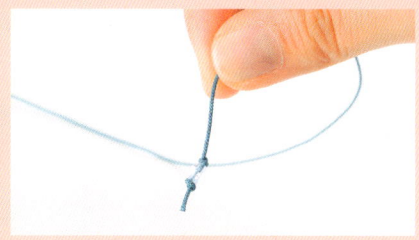

2 アジアンコードの片はしを固結びして、そろばん形のビーズを通す。通し終えたら、もう1度固結びをして、ビーズを固定する。

3 フェルトボールの中心に1つずつ目打ちで穴をあける。

4 毛糸針にアジアンコードを通し、星形ビーズ2個、フェルトボール4個、そろばん形ビーズ5個を写真の順番で通す。通し終えたら、ビーズとボールを中央に集め、写真のように両はしをそれぞれ固結びして固定する。

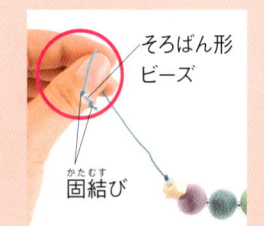

5 アジアンコードの片はしを固結びし、そろばん形ビーズを通し、もう1度、固結びして、ビーズを固定する。

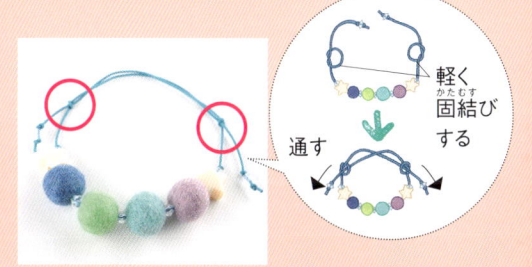

6 アジアンコードの左右を図のように軽く固結びする。両はしを固結びの円の中に通して、固結びを引きしめる。

材料

1 羊毛（青、メロングリーン、ミント、むらさき）　各1g弱
2 アジアンコード（太さ1mm／水色）30cm
3 星形ビーズ（直径10mm／白）2個
4 ソロバン形ビーズ（直径5mm／うす水色）7個

道具

フェルティングニードル
フェルティングマット
ボウル　洗ざい水
ビニール手ぶくろ
洗たく用ネット　目打ち
毛糸針

難易度 ★★

フェルトボールの クリスマスリース

色とりどりのフェルトボールを丸くつなげて、クリスマスリースをつくりましょう。部屋のかべにかざったり、げん関のドアにかけたりすると、とてもステキ！クリスマスプレゼントにしてもいいですね。

1
4gの羊毛で、直径3cmのフェルトボールをつくる。こげ茶、黄、グレーベージュ、白、ピンク各1個、青、モスグリーン各2個、緑4個の合計13個つくる（P.28）。

2
フェルトボールに1つずつ目打ちで穴をあけ、順番にワイヤーを通す。

3
ワイヤーをすべてのフェルトボールに通す。

6
ワイヤーの長いほうを丸くして、引っかける部分をつくる。

POINT
太いペンなどの丸い部分を使って形をつくると、きれいにできるよ！

7
サンタクロースをつくる。赤の羊毛6gを三角にたたむ。

10
ごく少量の黒の羊毛を丸め、2か所、目の位置にさしてつける。

11
少量の白の羊毛を丸めて、サンタクロースのてっぺんにさす。

材料

1. 羊毛（こげ茶、黄、グレーベージュ、白、ピンク） 各4g
   羊毛（青、モスグリーン） 各8g
   羊毛（緑） 16g
   羊毛（赤） 6g
   羊毛（はだ色、黒、白） 各少量
2. スカード羊毛（白） 少量
3. ワイヤー（太さ2mm／茶） 55cm
4. コットンひも（太さ1.5mm／ベージュ） 30cm

道具

フェルティングニードル
フェルティングマット　ボウル
洗ざい水　ビニール手ぶくろ
洗たく用ネット　目打ち
ラジオペンチ　毛糸針

4 ワイヤーの片はしを長く残し、3を丸い形に整える。

5 ワイヤーの短いはしを長いはしに、ラジオペンチで巻きつける。

片方だけ長く残す

8 フェルティングニードルでさして、縦6cm、直径4cmくらいのしずく形をつくる。

9 はだ色の羊毛を顔の位置に、白のスカード羊毛をひげの位置にさしてつける。

12 背中側の上部に目打ちで穴をあける。

13 毛糸針でコットンひもを通し、ボールとボールの間のワイヤーに通して結んで完成。

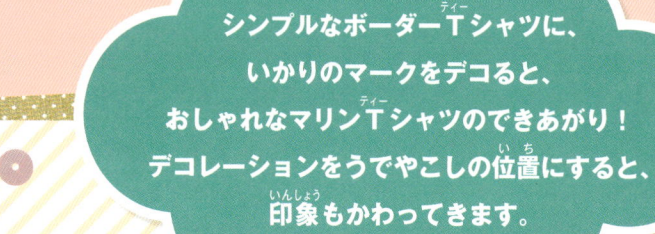

難易度 ★★

シンプルなボーダーTシャツに、いかりのマークをデコると、おしゃれなマリンTシャツのできあがり！デコレーションをうでやこしの位置にすると、印象もかわってきます。

心おどる マリンTシャツ

図案 P.37

材料
1. Tシャツ（白と青のボーダー）
2. 羊毛（こん、グレー、白、赤、ミント）各少量

道具
水にとける下絵シート　チャコペン
まち針　フェルティングマット　はさみ
フェルティングニードル　アイロン

1 水にとける下絵シートにチャコペンで図案を写す。

2 Tシャツの模様をつけたい部分に1を置き、布の下にフェルティングマットを入れてから、まち針で留める。

POINT グレーとミントの部分は1度にさせないので、はさみで羊毛を切り、続きをさしていくよ。

POINT シートはできるだけ模様のギリギリのところで切るよ。

4 さし終えたら、まち針をはずし、余った下絵シートをはさみで切る。模様の部分を水で洗って、残った下絵シートをとかす。

3 図案のとおりに、下絵シートの上からフェルティングニードルで、それぞれの色の羊毛をさす。グレーの羊毛はロープのようにねじってさす。

5 水をしぼって、スチームアイロンをかけ、その後は自然にかわかす。

図案

原寸

難易度 ★★☆

麻のポーチに、フランス語で「merci」とデコったおしゃれな作品。三つ編みしたひもをアクセントにつけて、大人っぽい仕上がりに。好きな色でつくりたいときは、デコレーションの毛糸とひもの色を合わせると、センスよくできあがります。

おしゃれな パリジェンヌポーチ

図案 P.39

材料

1	ポーチ（布製）	
2	毛糸（並太／むらさき）	約3m
3	羊毛（黄緑）	少量
4	フラワーカットビーズ（直径1cm／黄、むらさき、緑）	各1個
5	布（花がら）	80cm×9cm
6	ビーズ用糸	適量

道具

水にとける下絵シート　チャコペン
フェルティングマット　まち針
フェルティングニードル　はさみ
ビーズ用針　セロハンテープ

1 水にとける下絵シートにチャコペンで図案を写す。

2 ポーチの中にフェルティングマットを入れる。模様をつけたい部分に 1 を置き、まち針で留める。

3 文字部分にむらさきの毛糸をフェルティングニードル（以下、ニードル）でさしてつける。

POINT 文字が太くて、1回では文字がうまらない部分には、2～3回くり返して、毛糸をさしていくよ。

4 ハートの部分に黄緑の羊毛をニードルでさしてつける。

POINT ハートの形から羊毛がはみ出ているときは、はさみで切って形を整えよう。

5 さし終えたら、まち針をはずし、余分な下絵シートをはさみで切る。模様部分を水で洗い、残った下絵シートをとかしてかわかす。

6 フラワーカットビーズをぬい留める。

7 布の9cmの辺を3等分し、2か所に切りこみを入れる。切りこみを引っ張ってさき、3cmの太さのさき布を3本つくる。

引っ張る

8 3本の布のはしを15cm残して、セロハンテープで固定する。それぞれのひもを縦半分の細さに折りながら、三つ編みをする。最後にさき布を15cmくらい残す。

9 三つ編みのひもをポーチに通し、両はしを固結びで結び合わせて完成。

図案 *merci* ♡
200%に拡大する

三つ編み 3本のさき布を 1～4 のように編む
1　2　3　4

39

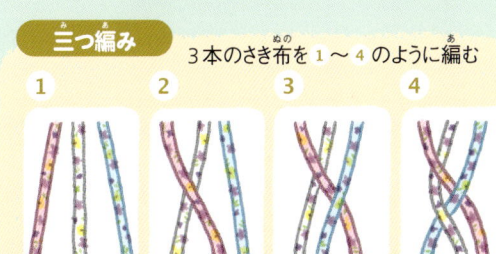

手芸作家

太田有紀（NICO）
（P.18-39）

mamayuno
（P.8-15）

STAFF

撮影 ● 向村春樹（WILL）
スタイリング ● 石井あすか
アートディレクション ● 大薮胤美（phrase）
デザイン ● 鈴木真弓（phrase）
イラスト ● 工藤亜沙子（前見返し、P.7-15、P.33、P.39）
編集 ● 井上 幸、小菅由美子、滝沢奈美（WILL）
DTP ● 鈴木由紀、鶴田利香子（WILL）
校正 ● 村井みちよ
ヘアメイク ● 山田ナオミ
モデル ● 相原鈴夏、門出愛海（セントラル子供タレント）

衣装協力 ● P.8 ニットワンピース（メゾ ピアノ）、P.11 ニットワンピース（メゾ ピアノ）、P.12 ドットTシャツ（メゾ ピアノ）、P.14 ブルゾン（ポンポネット）、P.31 ニット（メゾ ピアノ）、P.32-33 ボーダーニット（メゾ ピアノ）／すべてナルミヤ・インターナショナル

編著／WILL こども知育研究所

幼児・児童向けの知育教材・書籍の企画・開発・編集を行う。2002年よりアフガニスタン難民の教育支援活動に参加、2011年3月11日の東日本大震災後は、被災保育所の支援活動を継続的に行っている。主な編著に『レインボーことば絵じてん』、『絵で見てわかる はじめての古典』全10巻、『せんそうって なんだったの？ 第2期』全12巻（いずれも学研）、『はじめよう！ 楽しい食育』全7巻、『学校放送・学級新聞おもしろアイデアシリーズ』全6巻、『見たい 聞きたい 恥ずかしくない！ 性の本』全5巻、『おもしろ漢字塾』全4巻（いずれも金の星社）など。

かんたん！ かわいい！
手づくり デコ＆手芸
編み物＆もこもこ小物

初版発行／2014年3月

編著／WILL こども知育研究所
発行所／株式会社金の星社
〒111-0056　東京都台東区小島1-4-3
TEL 03-3861-1861（代表）
FAX 03-3861-1507
ホームページ http://www.kinnohoshi.co.jp
振替 00100-0-64678

印刷／広研印刷株式会社　製本／東京美術紙工

● 乱丁・落丁本は、ご面倒ですが小社販売部宛にご送付ください。送料小社負担にてお取替えいたします。
ⓒ WILL, 2014
Published by KIN-NO-HOSHI SHA,Tokyo,Japan
NDC 594　40ページ　27cm　ISBN978-4-323-05785-9

JCOPY（社）出版者著作権管理機構 委託出版物
本書の無断複写は著作権法上での例外を除き禁じられています。複写される場合は、そのつど事前に（社）出版者著作権管理機構（電話 03-3513-6969、FAX 03-3513-6979、e-mail: info@jcopy.or.jp）の許諾を得てください。

※本書を代行業者等の第三者に依頼してスキャンやデジタル化することは、たとえ個人や家庭内での利用でも著作権法違反です。

かんたん！かわいい！手づくりデコ＆手芸

シリーズ全5巻　小学校中学年〜中学生向き
A4変型判　40ページ　図書館用堅牢製本　NDC594（手芸）

かわいいバッグやアクセサリーを手づくりしたり、自分の持ち物をデコレーションしたりして、楽しんでみませんか。簡単なものから大作まで、はば広い難易度のものを紹介しています。手づくりしながらセンスアップできる、おしゃれなアイテムがいっぱいのシリーズです！

「ファッション＆アクセサリー」

たばねた髪をかざる「おとめチックシュシュ」やデコが楽しい「アリスの大きなカチューシャ」などのヘアアクセサリーのほか、「お花のリースTシャツ」、「スキップしたくなるうわばき」など、心おどるファッションアイテムがいっぱい！

「バッグ＆おしゃれ小物」

毎日使いたい「ルンルン気分になるさわやかエコバッグ」や「キュートな白ねこのレッスンバッグ」、携帯電話に個性をそえる「キラキラビーズのおめかしストラップ」など、とっておきのバッグや小物を集めました！

「インテリア小物」

かべをかざる「ポンポンと羽根のふわふわリース」や「お部屋デコが楽しめることりのつるしかざり」、着なくなったセーターでつくる「北欧気分のぬくぬくタペストリー」など、インテリアをセンスアップする小物を紹介します。

「プレゼント」

かわいくて実用的な「すっぽりかぶせるフェルトキーカバー」や「赤×白のハッピーペットボトルホルダー」のほか、「ぷっくりほっぺのリスのしおり」、「願いをかなえるラッキーおまもり」など、大切な人におくりたいアイテムが満載です。

「編み物＆もこもこ小物」

道具はいらない！指編みでつくる「ポンポンつきあったかミニマフラー」や「ふわふわヘアバンド」、羊毛フェルトでつくる、「スイートカップケーキ」や「チェリーのミニポシェット」など、心温まる、ふわふわもこもこの小物をたくさん集めました。